RÉUNION PRIVÉE DU DIMANCHE 3 NOVEMBRE 1872

DISCOURS

DE MM.

JULES BARNI

Député à l'Assemblée nationale

ET

EUGÈNE DELATTRE, AVOCAT

La réunion était présidée, en l'absence de
M. René Goblet empêché par une indisposition-
par M. Delpech, vice-président de *l'Union ré,
publicaine de la Somme*, assisté de MM. de Dou-
ville-Maillefeu, Lardière, docteur Mollien, des
Cressonnières, conseillers généraux, et Eugène
Delattre, avocat.

Dans une allocution chaleureusement ap-
plaudie, M. Delpech a exposé le but de la
réunion en rappelant le devoir qui incombe
à chaque député de rester en communication
constante avec ses électeurs. MM. Goblet
et Barni l'ont compris. Quant aux autres
députés, nous les attendons aux prochaines
élections. (Applaudissements prolongés.)

Dans plusieurs élections successives le
pays a exprimé, avec un ensemble et une
fermeté remarquables, sa volonté d'en finir
non-seulement avec les compétitions monarchiques mais aussi avec ces anciens partis
qui sous le masque de la *République conservatrice* espèrent encore abuser les populations.
Le pays veut la République parce qu'elle représente *le droit* dans son expression la plus

simple et la plus vraie et qu'elle seule est compatible avec la liberté et l'esprit de progrès. Notre département, au 2 juillet 1871, a eu l'honneur d'affirmer un des premiers cette vérité qu'on n'ose plus nier aujourd'hui après l'avoir si longtemps et si vivement combattue. (Applaudissements.) C'est au patriotisme, à l'esprit d'ordre et de discipline de l'*Union républicaine* que la République doit son triomphe dans notre département.

Aujourd'hui qu'elle est sortie du consentement libre et réfléchi du pays poursuivons notre œuvre sans nous inquiéter des injustices et des calomnies. Mais n'oublions jamais que la patience et l'abnégation, l'obéissance à la loi, le respect de l'ordre et des droits d'autrui sont les vertus essentielles dont les républicains doivent donner l'exemple.

Nos adversaires, abusant d'une expression mal comprise, nous qualifient de *radicaux*. Laissons-là ces subtilités puériles. « Il n'y a pas une République à l'usage « des conservateurs, une autre à l'usage « des radicaux ; *il n'y en a qu'une.* » Soyons donc républicains sans épithète, cela veut tout dire, et que nos députés puisent un nouvel élément de force dans la conscience intime et absolue qu'ils sont bien les représentants de la pensée et des vœux de leurs électeurs. (Vifs applaudissements.)

Avant de prendre la parole, M. Barni donne lecture d'une lettre de M. René Goblet conçue dans les termes suivants :

Mon cher collègue,

Je regrette vivement que ma santé ne me permette pas d'assister, comme je l'avais espéré jusqu'au dernier moment, à la séance de ce jour. Mais j'ai trop à cœur de me mettre en état de prendre part aux premiers travaux de l'Assemblée pour ne pas me résigner à ce sacrifice jugé nécessaire.

Veuillez, je vous prie, remercier en mon nom nos amis de l'*Union républicaine* qui auront bien voulu répondre à notre invitation. En m'excusant auprès d'eux, dites leur combien je suis d'accord avec vous sur l'accueil qu'il convient de faire aux projets constitutionnels qui nous sont annoncés.

Comme le disait si bien le manifeste que nous avons signé avec presque toute la gauche, au mois d'août dernier : « l'As-« semblée n'a pas besoin de recourir à un « formalisme constitutionnel quelconque « pour reconnaître la volonté nationale en « vertu de laquelle la République est à la « fois le fait et le droit. »

Que l'Assemblée reconnaisse donc la République; il y a longtemps qu'elle aurait dû prendre ce parti. Mais, au point où nous sommes arrivés, dans la situation que lui ont faite toutes les élections po-térieures au mois de février, elle ne saurait aller plus loin dans cette voie. Je ne puis croire qu'il se trouve une majorité pour commettre cette usurpation sur la souveraineté nationale.

Tout indique au contraire que ces dernières tentatives échoueront comme les précédentes, et que l'année qui va s'ouvrir verra la libération définitive du territoire et la dissolution de l'Assemblée.

Ne nous laissons donc pas détourner de notre tâche qui est celle-ci :

Redoubler de zèle et d'efforts, développer notre propagande, à l'effet d'éclairer les esprits et de recruter sans cesse des adhésions nouvelles, nous préparer, en un mot, dès à présent, aux futures élections, afin que notre département, après avoir déjà deux fois témoigné de son attachement croissant à l'idée républicaine, prenne la part qui lui revient dans la fondation définitive de la République.

Recevez, mon cher collègue, pour vous et pour tous ceux qui vous entourent, l'assurance de mes sentiments bien cordialement dévoués.

René GOBLET.

Amiens, 3 novembre 1872.

Après cette lecture interrompue par de nombreux applaudissements, M. Jules Barni adresse à l'assemblée le discours suivant :

Messieurs,

Après ce que vous a dit en si bons termes notre vice-président, M. Delpech, et la lettre de M. Goblet, que je viens de vous lire, j'ai à peine besoin de vous exposer le motif pour lequel nous avons cru devoir provoquer cette réunion à la veille de la rentrée de l'Assemblée. Il nous a paru bon de nous expliquer franchement avec vous sur la situation actuelle de la République et sur la conduite que nous devrons tenir dans la session qui va s'ouvrir. Nous nous retremperons ainsi dans cette communion d'idées, et nous y puiserons une nouvelle force pour le rôle difficile que nous allons avoir à remplir. En même temps aussi, — pourquoi ne pas le dire? M. Goblet vient de vous le dire lui-même, — il s'agit de préparer ensemble le grand acte qu'un avenir plus ou moins prochain, mais certainement peu éloigné, appellera le pays à exécuter, et d'où dépendra le salut définitif de la République.

Malheureusement le régime sous lequel nous vivons en ce moment, quoiqu'il s'appelle la République, nous interdit ce qui devrait être la vie même de la République, et ce qui existe dans tous les pays non-seulement républicains, mais un peu libres, les réunions publiques. où tous les citoyens, particulièrement les électeurs et leurs mandataires, se mettent en rapports directs et permanents les uns avec les autres, s'éclairent mutuellement en toute liberté, se concertent au grand jour en vue d'une action commune. (Marques nombreuses d'approbation). Nous ne pouvons que convoquer nominativement, dans une réunion privée, un nombre restreint d'électeurs, et c'est pourquoi nous avons dû nous borner à réunir nos amis politiques, particulièrement les membres de l'*Union républicaine de la Somme*. Mais nous espérons que cette réunion, toute privée et toute limitée qu'elle est, n'en portera pas moins ses fruits. J'en ai pour garant l'empressement avec lequel vous vous êtes rendus à notre invitation, de tous les points du département et par un temps si affreux.

Il est un fait devenu incontestable — depuis les élections du mois de juillet de l'année dernière — c'est que la République est aujourd'hui adoptée par la grande majorité du pays. Le pays a parfaitement compris qu'il n'y a plus désormais de salut pour lui que dans la République franchement acceptée et franchement pratiquée, et il a affirmé cette idée dans toutes les circonstances où il lui a été donné de le faire. Les élections du mois de juin der-

nier, dans le Nord, dans la Somme et dans
l'Yonne, en ont été une éclatante confir-
mation : aussi ont-elles eu en France un
immense retentissement. Les dernières,
celles d'il y a quinze jours, — six élections
républicaines sur sept, et cela dans des départements qui ne paraissaient pas moins
voués à la réaction que le Nord et la
Somme, comme le Calvados, l'Indre-et-
Loire, l'Oise — n'ont pas été moins signi-
ficatives. Toutes ces élections attestent
clairement que l'idée monarchique, sous
toutes ses formes, légitimité, orléanisme,
bonapartisme, a fait son temps parmi nous,
et que ce que veut aujourd'hui le pays,
c'est la République... républicaine. (Applaudissements.)

Mais, par cela même que ces élections
ont ce caractère incontestable, par cela
même qu'elles sont une éclatante affirmation de la République, elles sont une éclatante condamnation de l'Assemblée de
Versailles. (Bravos). Elles prouvent que
cette Assemblée, nommée dans les circonstances et dans les conditions déplorables
que vous savez et que M. Delpech vous rap-
pelait tout-à-l'heure, a cessé de représenter
le pays. Evidemment, si la Gironde choisit
aujourd'hui pour son représentant un républicain, un proscrit du 2 Décembre, M.
Caduc, c'est que ses anciens députés, M. le

duc de Noailles, M. Carayon-Latour, M. Princeteau ne représentent plus ses idées actuelles. Si le département des Vosges nomme M. Méline, en dépit de M. Buffet, c'est que M. Buffet n'est plus son homme. Si l'Oise, partageant toutes ses voix, à l'exclusion de toute candidature monarchique, entre un républicain de la veille et un républicain du lendemain, élit M. Gérard de Blincourt, lequel avait formellement déclaré qu'au cas où se présenterait la question de la présidence, il ne voterait pas pour le duc d'Aumale, c'est qu'elle repousse aujourd'hui le duc d'Aumale qu'elle a nommé en février 1871. (Applaudissements.) Il en est de même de presque tous les départements qui ont eu des élections à faire depuis cette époque; mais il est inutile de multiplier ces exemples. On peut dire sans exagération que les nouveaux élus n'ont été nommés que pour signifier aux anciens leur congé. (Bravos prolongés.)

En présence de cette condamnation prononcée à plusieurs reprises par le suffrage universel, que devrait faire l'Assemblée de Versailles, si l'esprit de parti et des ambitions personnelles n'étouffaient pas dans un trop grand nombre de ses membres le patriotisme et le simple bon sens? Elle devrait prononcer sa dissolution et faire place à une nouvelle Assemblée qui fût toute entière la véritable représentation du pays. (Bravo, bravo, c'est cela !)

Au lieu de cela, qu'avons-nous vu et que voyons-nous aujourd'hui? Au mois de juin dernier, ses meneurs ont été exaspérés par notre victoire au point d'en perdre en quelque sorte la tête : vous vous rappelez cette démarche parlementaire auprès de M. Thiers qu'un grave journal, un journal conservateur, le *Journal des Débats*, a si spirituellement et si justement nommée une nouvelle « manifestation des bonnets à poils.» A les entendre, ces grands politiques, tout était perdu si le gouvernement ne prenait immédiatement les mesures les plus énergiques pour prévenir le retour d'un pareil scandale. Et voici qu'en dépit de leur irritation et de toutes leurs menées, le scandale vient de se renouveler, et sur une plus large échelle. Mais cette fois il les a trouvés plus calmes. C'est qu'ils ont fait de nouvelles réflexions, — je ne puis pas dire malheureusement des réflexions plus salutaires — (Hilarité générale), et qu'ils ont par suite changé leurs batteries. Comprenant qu'il leur faut renoncer à renverser, quant à présent, la République pour rétablir la monarchie, ils songent maintenant à l'escamoter, en l'entourant d'institutions monarchiques qui préparent tout doucement le rétablissement de la monarchie. On a prétendu faire en 1830 — vous savez avec quel succès — une monarchie entourée d'institutions républicaines ; ils veulent faire aujourd'hui une République entourée d'institutions monarchiques. Et c'est ce qu'ils appellent la République conservatrice. On disait, en 1848, la République « honnête et modérée. » (Rires et applaudissements.)

Là est aujourd'hui le danger pour la République. Nous le conjurerons, je l'espère ; mais il faut pour cela que tous ceux qui sont sincèrement attachés ou sincèrement ralliés à la République nous aident à déjouer les combinaisons monarchiques de ses ennemis.

Voyons donc quelles sont les combinaisons qui ont été mises en avant, soit comme ballon d'essai, soit comme projets plus ou moins sérieux.

Il en est une d'abord qui est tellement contraire à toute notion républicaine, qu'elle n'a pu éclore que dans des cerveaux incurablement monarchiques (on rit) : je veux parler de l'idée d'attribuer à M. Thiers la présidence à vie de la République. Cette idée d'une présidence viagère avait été déjà lancée naguère au sujet du duc d'Aumale ; mais le projet d'un stathoudérat orléaniste n'offrant aucune chance de suc-

cès, on a reporté sur la tête de M. Thiers
l'idée qu'on ne pouvait plus songer à appliquer au duc d'Aumale. On s'est dit,
non sans raison, que si l'on gagnait ce
point, la République était frappée dans un
de ses caractères essentiels, le renouvellement périodique du pouvoir, et que la
présidence à vie serait un acheminement
au rétablissement de la monarchie. Après
un président à vie, qui est un simple citoyen,
mais dont la carrière ne peut plus malheureusement être bien longue, un prince
pourrait être revêtu du même titre, et
son pouvoir viager ne tarderait pas à se
transformer en pouvoir héréditaire. Voilà
le calcul. (Rires et applaudissements.)

Mais je ne ferai pas un moment à M.
Thiers l'injure de supposer qu'il puisse se
prêter à une pareille combinaison : il a
trop d'esprit, de bon sens et de patriotisme pour accepter un tel rôle. On raconte
qu'il disait récemment : « la République
est faite ; » je ne sais s'il a réellement te-
nu ce propos, — on lui en prête tant et de
si divers ; — mais il sait bien que le jour
où il accepterait la présidence à vie, il fau-
drait dire non plus la République est faite,
mais la République est défaite, (On rit) et
c'est ce qu'il ne peut vouloir. (Applaudissements.) Cette idée ridicule d'une présidence à vie ira donc rejoindre celle du

stathoudérat orléaniste. Je ne crois pas
qu'il y ait lieu de s'en inquiéter beaucoup,
et je pense que nous perdrions notre temps
à nous en occuper davantage. Passons aux
autres combinaisons imaginées pour escamoter la République.

L'idée de faire nommer par l'Assemblée
actuelle un vice-président qui, en cas de
démission ou de mort du président actuel,
serait appelé à le remplacer, est une idée
moins choquante. Dans une constitution
républicaine régulière, ce peut être une
institution utile que celle d'un vice-président, c'est même une institution nécessaire là où la Constitution, comme aux
Etats-Unis, admet un président. Mais dans
les conditions provisoires où nous nous
trouvons placés, avec l'Assemblée qui siége
à Versailles, à quoi servirait un vice-président nommé par elle, si ce n'est peut-
être à enchaîner l'avenir dans le sens de sa
politique monarchique ? L'Assemblée de
Versailles, qui n'a pas de Constitution à
faire, n'a pas à s'occuper de la question d'une vice-présidence. Si le malheur
voulait que M. Thiers vînt à se reti-
rer ou à disparaître, il serait tou-
fours temps pour elle d'aviser à son rem-
placement. A quoi bon lui donner d'a-
vance un successeur ? Serait-ce par hasard
pour garantir l'avenir de la République

contre toutes les mauvaises chances ? En vérité je ne suppose pas à l'Assemblée de Versailles une si profonde tendresse pour cette forme de gouvernement. (On rit.) Il y a donc là un danger, un piège, contre lequel il faut se mettre en garde. (Bravo !)

Le danger n'est pas moindre, il est plus grand encore dans le projet d'instituer une seconde Chambre, une Chambre haute, à côté de l'Assemblée actuelle. S'il s'agissait de faire une Constitution définitive, la question d'une seule Chambre ou de deux se présenterait naturellement, et elle pourrait rencontrer dans les rangs même des républicains, des partisans éclairés du système des deux Chambres. Quoique je ne voie pas trop ce que pourrait représenter en France une seconde Chambre, et que, si je consulte l'histoire, je trouve que jusqu'ici nos Chambres hautes, y compris le Conseil des anciens de la Constitution républicaine de l'an III, ont toujours été ou inutiles ou funestes, je reconnais que c'est là une opinion qui peut parfaitement se soutenir, et qui a été soutenue en effet par des esprits fort distingués dont on ne peut suspecter les sentiments républicains. Mais ce n'est pas à l'Assemblée actuelle qu'il appartient de résoudre cette question, parce qu'elle n'a pas à faire acte d'Assemblée constituante.

Elle n'en a reçu le mandat ni du gouvernement de la Défense nationale qui l'a convoquée, ni du pays qui l'a nommée ; et, ce point fût-il contesté, il en est un qui ne peut l'être : c'est que, encore une fois, elle ne représente plus l'esprit du pays, qu'il y a désaccord entre elle et lui, et que, par conséquent, si elle croit devoir siéger, encore quelque temps— par exemple jusqu'à l'entière libération du territoire — elle doit laisser à l'Assemblée qui lui succèdera le soin de trancher les questions constitutionnelles qui règleront définitivement notre système républicain (marques d'approbation). Quel serait d'ailleurs le mode de composition d'une seconde Chambre, organisée par l'Assemblée de Versailles ? Il ne pourrait être conçu — je puis le dire sans calomnier cette Asssemblée — dans un esprit républicain ; mais il serait combiné de façon à former un foyer de réaction, de telle sorte que loin d'aider à l'affermissement de la République, cette combinaison ne pourrait qu'embarrasser sa marche et lui susciter les plus graves obstacles. Ce serait une nouvelle porte ouverte sur la République aux ennemis de la République. Ses amis doivent donc repousser cette combinaison, d'abord, parce que la question des deux Chambres n'est pas de la compétence de l'Assemblée actuelle, ensuite parce que cette Assemblée n'est pas apte à la bien résoudre, je veux dire dans l'esprit de la République qui est aujourd'hui celui du pays. (Très-bien ! très-bien !)

Une autre combinaison qui décèle un esprit plus clairement encore hostile à la République, est celle qui consisterait à mutiler le suffrage universel (*mouvement*). Il semble qu'une nouvelle loi du 31 mai devrait être aujourd'hui impossible ; que personne ne devrait y songer seulement, après la sinistre expérience qui a montré combien il est dangereux de toucher à ce droit des citoyens reconquis en 1848 (Applaudissements), à ce fondement de notre démocratie, à cette ancre de notre salut (Triple salve d'applaudissements). Mais ceux que l'on a nommés alors les Burgraves, et qui ne sont pas tous morts, ou dont l'esprit n'est pas tout à fait mort, ne sont pas gens à ouvrir aisément leurs yeux à la lumière (On rit). Ils songent encore, en dépit de cette fatale expérience, à restreindre le droit de suffrage, au risque de rouvrir la porte au césarisme ou de déchaîner encore une fois le fléau de la guerre civile (Applaudissements). A vrai dire, l'Assemblée actuelle, qui n'est pas constituante et n'a pas la mission de faire des lois organiques, ne devrait pas s'ar-

roger le droit de faire une nouvelle loi
électorale ; mais elle devrait laisser intacte
celle en vertu de laquelle elle a été nommée, en abandonnant à l'Assemblée future
le soin de la modifier s'il y a lieu ; à plus
forte raison, n'a-t-elle pas le droit de desti-
tuer une partie des électeurs. En agis-
sant ainsi, elle renverserait les rôles, et,
je le répète, elle ferait une chose extrême-
ment dangereuse. Il faut donc que tous
les députés républicains s'efforcent de prévenir cette calamité, et que si, par impossible, elle venait à se produire, ils trou-
vent dans leur énergie et dans leur sa-
gesse le moyen de la mettre à néant (Applaudissements).

Il est enfin une dernière combinaison
qui, si elle n'a pas pour but, comme les
précédentes, d'escamoter la République,
n'est toujours qu'un expédient inadmissi-
ble ; je veux parler du renouvellement
partiel de l'Assemblée actuelle. Mis en
avant, il y a environ un an, et soutenu,
dans les meilleures intentions assurément,
par quelques républicains, cette idée, après
avoir été quelque temps discutée, paraîs-
sait définitivement enterré. Mais voici que
sous l'influence des alarmes excitées par
les dernières élections dans certains rangs
de l'Assemblée, elle a reparu et semble
avoir repris quelque crédit. Elle offre en

effet à ces messieurs un moyen de prolon-
ger, je ne dirai pas leur mandat, que je re-
garde comme expiré, mais leur titre de
député, que des élections générales ne man-
raient pas d'enlever à la plupart d'entre
eux (Bravos, bravos, c'est cela!) D'après un
nouveau système, récemment proposé, le
renouvellement partiel devrait précéder la
discussion des questions constitutionnelles
sur lesquelles l'Assemblée serait ensuite
appelée à voter.

Mais, par ce seul fait que l'Assemblée
actuelle se serait partiellement renouvelée, même sur une assez large échelle,
elle n'aurait pas acquis le droit consti-
tuant qui lui manque. Ce n'est pas par
partie, c'est intégralement que l'Assemblée nationale doit se renouveler pour constituer définitivement la République. Une
constitution votée par l'Assemblée issue
des élections de février, cette Assemblée
se fût-elle partiellement renouvelée, n'aurait pas le caractère juridique et l'autorité
légale qu'elle doit avoir aux yeux de tous.
(Applaudissements). Il faut pour cela une
nouvelle et générale intervention du suffrage universel, nommant une Assemblée
tout exprès pour remplir cette mission.
Mais laissons de côté la question de droit;
que serait une Assemblée constituante,
composée d'éléments successifs et discor-

dants ? Quelle majorité pourrait s'y former ? N'y aurait-il pas à craindre que
cette majorité ne se trouvât pas encore en
harmonie avec celle du pays, et que l'œuvre qui en sortirait ne répondît pas à ses
vœux et à sa volonté ? Ce serait une œuvre
frappée d'avance de discrédit, une œuvre
à refaire le lendemain ; nous n'en serions
pas beaucoup plus avancés. Non ; il faut
pour une telle œuvre une majorité homo-
gène et compacte, et il n'y a que des élections générales qui puissent produire cette
majorité. (Bravo). Remarquez que je ne
discute pas d'une manière générale la
question du renouvellement partiel des
Assemblées législatives. Ce peut être une
bonne disposition à introduire dans une
constitution républicaine ; elle pourrait
fournir le moyen d'éviter l'embarras
de deux Chambres et de se contenter
d'une seule, qui, se renouvelant périodi-
quement par partie, concilierait la mobi-
lité avec la permanence ; c'est là, en tout
cas, une opinion qui peut être parfaitement soutenue, comme celle même des
deux Chambres. Ce que je veux dire seulement ici, c'est que le système du renouvellement partiel ne saurait s'appliquer à
l'Assemblée actuelle, qui n'a pas à se renouveler mais à se dissoudre. (Vifs applaudissements.)

La dissolution, tel est donc la conclusion à laquelle nous arrivons par toutes les voies. C'est la seule solution logique, la seule qui puisse rétablir l'harmonie dans le sein même de la représentation nationale, donnant aujourd'hui le déplorable spectacle de deux camps qui semblent toujours prêts à se ruer l'un sur l'autre, et l'harmonie entre la représentation nationale et le pays. Malheureusement, c'est là le point auquel il est difficile d'amener l'Assemblée de Versailles. Plus ces messieurs sentent le sol manquer sous leur pas, plus ils s'accrochent à leurs banquettes, (on rit) ; plus ils se voient condamnés par le pays, plus ils se raidissent et s'obstinent. Ils veulent prendre des mesures contre ce qu'ils appellent l'avènement du radicalisme, c'est-à-dire en réalité de la République. A supposer que, faute d'accord entre eux et sous la pression toujours croissante de l'opinion publique, ils ne réalisent aucun des projets constitutionnels, disons mieux, aucun des escamotages qui ont été mis en avant, ils ne se sépareront pas sans avoir fait deux choses qui ne peuvent être que très-mauvaises : une loi électotorale, qui pourra influer d'une manière fâcheuse sur les futures élections, et la loi sur l'enseignement primaire, dont le projet présenté par M. Ernoul est la véritable

image de l'esprit clérical qui domine dans
cette Assemblée (Bravos prolongés). Ce sera
là son testament, mais ce sera aussi son
coup de grâce : le pays la jugera définitivement par cette œuvre que le *Journal des
Débats* lui-même a appelé « une mons-
truosité » et qui est en effet un défi jeté à
l'esprit moderne. Mais, si l'existence
même de la République n'a pas été com-
promise, cette loi n'aura qu'une durée
éphémère. Le grand point est que l'Assemblée de Versailles se retire, un jour
ou l'autre, — le plus tôt sera le mieux —
sans prétendre constituer définitivement
la République et sans attenter, par sa loi
électorale, au suffrage universel. Qu'un
appel soit fait au pays par le moyen d'élections générales ; qu'une nouvelle Assemblée soit nommée pour faire la constitution républicaine et les lois organiques qui
en dérivent, la République est sauvée et la
France avec elle (applaudissements prolongés). C'est donc à ce but que nous de-
vons tendre de tous nos efforts, les uns et
les autres, vous, nos électeurs, et nous,
vos députés. Pour notre part, soyez-en
sûrs, nous ne faillirons pas à cette tâche.

Des applaudissements prolongés accueillent
ces dernières paroles et après une interruption
de quelques minutes, le président donne la parole à M. Eugène Delattre.

Mes chers Concitoyens,

J'ai l'honneur de proposer à l'assemblée un vote de remerciement à nos députés républicains. (Bravos prolongés.— Plusieurs voix : c'est notre sentiment à tous.)

Six cents électeurs venus de tous les points du département pour entendre leurs députés parler de la chose publique, expliquer les difficultés du présent, peser les espérances prochaines, c'est là un spectacle fortifiant pour les âmes vraiment républicaines. Et quand on songe que ce qui se passe ici se reproduira dans un grand nombre de départements, on s'explique la colère des monarchistes et leurs cris d'alarme : « Voyez, disent-ils, tous les hommes intelligents du parti abandonnent leurs affaires, leurs familles pour venir examiner la situation politique : ils discutent, ils raisonnent, ils délibèrent, ils s'entendent, tout est perdu ! » (Rire général.)

Un journal réactionnaire avait à ce point perdu la tête l'autre jour, qu'il dénonçait à l'indignation publique une découverte effrayante. «Ce n'est pas, disait-il, seulement les pauvres diables qui sont gambettistes : les passions politiques s'emparent avec la même énergie des gens riches, mais nous allons les tancer d'importance en publiant la liste des millionnaires, propriétaires, commerçants, industriels qui se permettent d'être républicains. « C'est l'abomination de la désolation.» (Explosion d'hilarité.)

Oui! tout le monde des travailleurs honnêtes, riches ou indigents, travaillent pour la République. (Bravo! bravo!) Parce qu'elle seule peut procurer la sécurité des intérêts, la justice pour la conscience et un progrès soutenu sans catastrophes périodiques. (Très-bien! C'est cela.)

Oui, la victoire est probable, car voilà que les députés se mettent en rapport avec eurs électeurs, et si ces mœurs se généralisent par toute la France, la victoire est certaine (Adhésion générale.)

Si l'élu vit en rapport d'idées et de sentiment avec ses électeurs, c'est donc que l'heure est venue où l'habitant de la commune s'occupe de son village, de sa ville, de ses écoles, (Bravo!) de sa municipalité.

C'est donc que l'électeur du canton veut s'instruire de l'administration de son département avec son conseiller général.

C'est donc que l'électeur du département fait de son député sa préoccupation sérieuse, comprenant qu'il a déposé en ses mains loyales sa sécurité, sa fortune, son honneur, (Très-bien), sachant nettement que le député est chargé de faire la loi de tous, et que la loi est le but essentiel des peuples libres; qu'elle est la caution du présent et la garantie de l'avenir. (Très-bien!) Il sent fièrement que la loi est sa dignité et sa propriété, à vrai dire, la conscience de la nation. (Applaudissements unanimes). L'électeur n'est plus un humble sujet, il parle, il discute, il s'instruit, il veut, il se déclare responsable, il est citoyen (Bravo! bravo!)

La permanence des rapports du député avec ses électeurs est une idée bien vieille et pourtant toute nouvelle pour la généra-ion du XIX° siècle. Peut-être penserez-vous qu'il est instructif de jeter un coup d'œil sur ses progrès étonnants réalisés pendant ces dernières années (Oui, oui) et de sonder ensuite les secrets de l'avenir qu'elle nous présente.

Elle fit pour la première fois une éclosion bruyante en 1869, dans une des circonscriptions de la Seine, la septième. L'éclatante notoriété des candidats causait un retentissement naturel. Les journaux d'alors allaient jusqu'à dire que pendant deux semaines, les yeux de l'Europe étaient braqués de ce côté; et comme toujours à l'étranger, on s'occupait bien plus des personnalités des candidats que des idées différentes qu'ils représentaient. Mais dans la septième circonscription, le spectacle était bien différent : là, quelque brillantes que fussent les personnalités

(je n'en veux pas parler; les contempo-
rains sont trop près des événements pour
les bien juger), elles laissaient cependant
la première place aux idées. Voici l'histoire de l'idée politique qui dominait :
cette circonscription jouait de malheur.
Elle avait pris pour député un homme
sorti du cabinet du célèbre Prudhon, et
nommé à ce titre. Celui-ci avait oublié le
chemin qui conduisait chez ses électeurs,
si bien qu'un jour il vint à s'égarer dans
les escaliers du despote de Décembre, il se
perdit dans les antichambres (rire général.)
Depuis on ne l'a plus retrouvé.

Les électeurs éprouvaient donc un désir
tout naturel en convoitant un candidat qui
prît l'engagement de venir souvent parmi
eux retremper son courage et ses convic-
tions (Très-bien. Une voix : *c'étaient des
gens sages*). Après une série d'incidents
les 7 ou 8 candidats disparurent, et les
deux idées opposées restèrent en présence.
L'un des candidats, interpellé, déclara nettement que jamais il ne consentirait à
rendre de comptes à ses électeurs : « Je
ne dois compte de mes votes, dit-il, qu'à
Dieu et à ma conscience. » (Rires) — C'é-
tait en termes identiques ce que l'homme
de Décembre disait peu d'années aupara-
vant en ouvrant la session législative :
« Je ne dois compte de mes actes qu'à

Dieu, à ma conscience et à la postérité.» Or, si la conscience est faussée, le compte n'est pas difficile (explosion d'hilarité !) — Le compte à Dieu n'est pas moins aisé ; n'est-ce pas pour cela qu'on l'a appelé le bon Dieu ? (très-bien !) ; quant aux comptes avec la postérité c'est un jeu charmant ; tous les joueurs n'ont qu'un mot : après nous le déluge. (Applaudissement).

L'autre candidat acceptait l'idée de la permanence des rapports dans toute la mesure du possible avec les électeurs. Jugez la puissance de cette idée simple : ce fut un enivrement ! s'il échoua, plus de 15,000 suffrages annoncèrent que l'idée était née et bien viable.

Cependant, chose curieuse et fréquente dans les ironies de la vie, l'idée s'obscurcit aux élections suivantes. Elle s'affubla des oripeaux de mandat impératif, mandat commissionnaire, mandat domestique. Plus tard elle revint sur l'eau avec une dénomination nouvelle : « mandat contractuel. » Des journaux de premier ordre à Paris et en province se jetèrent dans de vives polémiques d'où il sembla ne résulter qu'un malentendu ressemblant fort à un gâchis. Cependant, en 1869, l'idée était bien claire à son début. Jamais le mot de mandat impératif n'avait été prononcé. Si, je me trompe, une seule

fois on l'avait jeté en passant à l'orateur.
Celui-ci s'était récrié : qu'est-ce que cette
épithète ? d'où vient ce vocable ? Est-ce une
étourderie ou une provocation ? Si vous
voulez dire qu'un mandat est une convention, un contrat, d'où résulte l'obligation
pour le mandataire, alors vous voulez dire
que l'*obligation* est *obligatoire*, que le contrat est contractant, comme on dit qu'un
buveur est buvant. Une telle contorsion de
langage ne peut venir que de la Bretagne
bretonnante. (Explosion d'hilarité !) Allons donc ! appelons les choses par leurs
noms : un homme qui prend un engagement donne sa parole, et l'homme qui
manque à sa parole est un malhonnête
homme ! (Bravo ! bravo !) — La conscience est
aussi simple que cela. (Applaudissements.)

Le mandat dit impératif, a prouvé
dernièrement qu'il n'avait pas grande va-
leur en politique pratique. L'année dernière une circonscription avait à élire cinq
députés. Les candidats étaient réunis un
soir devant un millier d'électeurs. « Nous
sommes menacés, dit l'un, de voir la
Chambre se déclarer constituante, que
pensez-vous d'une telle proposition et
quelle sera votre conduite ? » Le premier
se lève et déclare franchement que ce n'est
pas là une question politique mais une
question d'honnêteté. « La Chambre, dit-

il, a été nommée pour faire la paix et n'a pas été chargée de faire une constitution. Se déclarer constituante serait une usurpation de pouvoirs, un acte malhonnête et je suis un honnête homme : pas d'hésitation possible. Je donnerai ma démission. » L'assemblée unanime couvrit ces paroles d'applaudissements, c'était bien un mandat impératif. Les autres candidats se levèrent et déclarèrent qu'étant honnêtes hommes comme leur collègue, ils donneraient leur démission sans broncher; ils acceptaient ce mandat impératif. Vous connaissez la suite de l'histoire, ils furent nommés. Huit jours après, l'Assemblée se déclarait constituante, nos cinq députés votèrent contre, il est vrai, mais pas un ne donna sa démission (Rires unanimes.)

Ils prouvèrent par là qu'il ne faut pas compter sur l'efficacité du mandat impératif. Il va sans dire, en même temps, que ces messieurs se gardèrent bien de venir causer avec leurs électeurs.

Combien est plus féconde l'idée de la permanence des rapports du mandataire avec ses mandants ! Si l'une exprime une convention, l'autre crée des mœurs, et dans la vie il ne faut compter que sur celles-là. Examinons les mœurs engendrés par cette vérité.

Vous savez tous que tous les monarchistes rêvent de porter une main criminelle sur le suffrage universel. Quelques-uns parlent du suffrage à deux degrès. Or, il s'est produit, chez les peuples qui ont usé du suffrage à deux degrès, un phénomène curieux et fort instructif. Les électeurs du premier degré, fort mécontents, naturellement, de nommer des intermédiaires pour arriver à l'élection, exigèrent que leurs élus déclarassent hautement pour quels citoyens ils entendaient voter.

Ainsi, en Amérique par exemple, lorsqu'un candidat s'est présenté aux dernières élections, on lui disait : « Voterez vous pour Grant ? » Oui, alors écrivez le nom de Grant sur votre chapeau. » On le nommait à cette condition de sorte que l'on savait d'avance que le président de la République serait bien Grant. C'était donc bien la volonté des électeurs qui triomphait et le suffrage à deux degrès ne signifiait rien. Ainsi agissent les hommes libres. (Applaudissements dans toute l'assemblée.)

Mais il sortit de cette mesure une puissance merveilleuse à laquelle les auteurs de la loi n'avaient vraisemblablement pas songé. La maison de chaque premier élu devint un foyer d'éducation politique, c'était là qu'on se réunissait pour examiner les votes du député, pour lui envoyer des encouragements ou de formidables pétitions. De son côté, le député, ne pouvant pas se mettre en rapport avec des milliers d'électeurs, était heureux d'envoyer à une centaine de premiers élus l'exposé de la situation politique et l'énoncé des devoirs qu'elle imposait.

Si vous cherchez l'explication de la puissance formidable des Etats-Unis dans l'effroyable guerre de la sécession, vous la trouverez dans les éléments de cette éducation politique permanente.

Voyons ce qui se passe en France. Les républicains comprennent très-bien qu'il ne faut pas toucher au suffrage universel, que l'élection à deux degrés est un rouage inutile et que les comités remplissent parfaitement l'office des premiers élus en créant partout des foyers d'éducation politique.

Est-ce vrai ? Voyez ce qui vient de se passer dans la Gironde. Deux candidats éminents étaient en présence, ayant des chances égales. Les comités de tous les cantons réunis discutent et pèsent la puissance du candidat réactionnaire ? ils demandent aux candidats républicains un sacrifice généreux, désignent à l'unanimité un nouveau candidat, vieux déporté de décembre dont l'élection triomphante est un

coup de massue contre l'homme de Sédan.
(Bravo ! bravo !)

Voyez de nouveau ce qui vient de se
passer à Paris. Les comités invitent le
candidat du premier tour à se désister : ils
réunissent leurs voix sur M. Lamouroux.
Les journaux du soir annoncent ce choix
du comité et ils ajoutent qu'il ne reste
plus qu'une question à vider, c'est de sa-
voir si M. Lamouroux accepte la candidature.

Quel immense progrès accompli dans
nos mœurs ! Le candidat n'est plus un
monsieur qui se présente sur la place publique, battant la grosse caisse autour de
son nom en disant : « Votez pour moi, je
suis le meilleur,» comme jadis on disait :
Prenez mon ours. (Hilarité générale.)

Non, ce sont les électeurs qui ont exa-
miné sérieusement, pesant l'intérêt de la
nation, et qui, après s'être concertés vont
trouver le candidat de leur choix et lui di-
sent : Voici notre programme, acceptez-
vous ? — (Applaudissements, bravos prolongés).

Et M. Lamouroux l'accepte, et sa pro-
fession de foi affichée porte cette déclara-
tion, signe caractéristique : *Tous mes
soins seront de rester en rapport perma-
nent d'idée et de sentiment avec mes électeurs.* Et sur cette affirmation loyale, une

immense majorité de suffrages fait sortir de l'urne le nom de l'honnête et ferme mandataire. (Très-bien ! très-bien !)

Tels sont les principaux traits de l'histoire présente du principe nouveau. Tâchons s'il vous plaît de chercher les secrets de son avenir.

Les esprits mal faits avaient prédit que le député deviendrait l'esclave de ses électeurs : on ne s'en aperçoit guère ici où vous faites de véritables ovations à MM. Barni et Goblet.

On ne tardera guère à constater que ce principe place dans les mains du député un levier d'une puissance sans pareille ; quand celui-ci redoutera des résistances énergiques à l'adoption d'une proposition de premier ordre, sachez-le bien, il fera un signe et leur dira : Envoyez-moi une pétition couverte de quarante mille signatures, et il montera à la tribune avec cette expression insurmontable de la volonté de quarante mille hommes libres, faisant taire d'un seul mot la réaction bruyante. « J'ai consulté mes électeurs, et vous, messieurs, avez-vous consulté les vôtres?»

Dites si, avec de pareilles troupes, il sera possible de porter une main téméraire sur les principes fondamentaux de la République. (Bravo ! bravo ! applaudissements prolongés.)

Non seulement le député puise une force irrésistible dans cette communication permanente, mais il y trouve aussi la faculté de résoudre les problèmes les plus difficiles de la façon la plus conciliante. Prenons un exemple : une des questions les plus pressantes et qui cause un semblant d'effroi est celle de la séparation des cultes et de l'Etat. (Voix nombreuses : C'est vrai ! c'est vrai !)

Des débats à la Chambre et des polémiques dans les journaux sont impuissants à résoudre cette grosse difficulté, mais supposons que le député se promène dans sa circonscription et dise à ses électeurs : Nous voulons la liberté de conscience, nous voulons mettre fin à cette union de l'Eglise avec l'Etat qui n'a jamais produit que des choses funestes ; nous désirons également le respect des droits ou des espérances acquises. Eh bien ! dites-moi si le projet de loi suivant vous plairait :

Art. 1er. — Séparation des cultes avec l'Etat.

Art. 2. — Chaque vicaire, curé, évêque, pasteur, rabbin, actuellement en fonctions, recevra de l'Etat une rente viagère égale à celle de son traitement. Cette rente sera personnelle, incessible et insaisissable. Le possesseur de la rente pourra aller, venir, changer de religion si bon lui semble : on n'aura pas à s'en préoccuper puisqu'il y aura séparation des cultes et de l'Etat. Il touchera sa rente et tout sera dit.

Pensez-vous que ces rentiers nouveaux se plaindraient d'une telle solution (voix nombreuses : non ! non !) Et pour le paiement de ces 50 ou 60 millions, n'y a-t-il pas moyen de contenter tout le monde ? Voulez-vous que je propose un troisième article ainsi conçu :

Art. 3. — Chaque année, le percepteur, sur la cote mobilière et personnelle, tracera une colonne sur laquelle il inscrira ces mots : *Cultes, impôt facultatif.*

Vous êtes catholique ? C'est 5 p. 0|0 de plus. (Rires et applaudissements prolongés.)

Ne craignez pas de perturbations profondes : les 25 millions de catholiques seront heureux de payer 2 francs et tout le monde sera content. (Très-bien ! Très-bien !)

Combien il serait facile de puiser des exemples semblables au chapitre de l'instruction obligatoire laïque ou de l'organisation de l'armée nationale ! L'heureuse fécondité de cette union de pensée et de sentiment ne se borne pas aux débats parlementaires : dans l'intervalle des sessions, le député, joyeux de parcourir sa circonscription, enfantera à chaque pas des bienfaits considérables.

Les voyages du député parmi ses électeurs ont une toute autre efficacité que celle du fonctionnaire, du préfet par exemple : ce dernier a beau être charmant, il est le représentant de la force et la pensée craintive voit toujours se dessiner derrière lui l'ombre d'un gendarme. On sait qu'il est celui qui peut mettre en prison : sans doute, auprès de lui, les plus timides se sentent rassurés mais la crainte et la peur n'ont jamais rien créé. (Très-bien !)

Le député, au contraire, marche seul avec la puissance de quarante mille volontés sorties de l'urne : force morale irrésistible parce que nul ne le craint et que lorsqu'il parle des choses de la patrie, tous se sentent meilleurs ! (Applaudissements prolongés.)

Figurez-vous un désastre à l'horizon, une grève imminente qui va ruiner le patron et jeter des centaines de familles dans la misère ! Le député s'en vient, il réunit tout le monde autour de lui ; il ne veut pas se faire juge mais il enseigne que les meilleurs esprits sont toujours de mauvais juges dans leur propre cause. Il démontre qu'il n'y a de solution digne pour chacun que dans la nomination d'arbitres choisis par les intéressés, lesquels statueront pour six mois, pour trois mois, n'importe ! Il parle au nom de l'intérêt social, au nom de la patrie. Ah ! dites-moi combien de grèves horribles auraient été évitées pa la présence du député ! (Bravos dans toute la salle. Applaudissements répétés.)

La parole de l'élu fortifie et grandit : quel est le cœur français qui n'a pas conservé fidèlement le souvenir des prodiges qu'elle enfantait hier. Des bruits funestes couraient à l'une de nos frontières ; on parlait de division, que dis-je, de sécession, de nouveaux déchirements pour la mère-patrie. Tout-à-coup un homme part vers ces montagnes : et voilà que les plus nobles sentiments s'agitent. (Très-bien, très-bien !) Et du haut des collines, les voyez-vous tous descendre en grande hâte, hommes, femmes et enfants, et de formidables hurrahs s'élèvent de toutes parts, et les mères conduisent leurs petites filles, les mains chargées de fleurs, et le soir, la montagne s'illumine : qu'est-ce cela ? C'est le député qui passe. (Explosion d'applaudissements.) Il parle de la France et tous les cœurs battent aux champs. Qui donc est-il ? C'est l'homme de ceux qui n'ont pas désespéré, qui ont rudement travaillé, qui ont bien combattu. Ne lui demandez pas comment il s'appelle : il vous répondrait comme le poète, avec un emportement superbe :

Je ne sais plus mon nom : je m'appelle PATRIE.

(A ce moment, tout l'auditoire applaudit

avec le plus vif enthousiasme. M. Delattre reprend ensuite en ces termes :)

Et quand la foule crie : Gambetta ! l'écho des vallées répond : Honneur de la Patrie ! (Double salve d'applaudissements, bravos enthousiastes. Cris prolongés de : Vive Gambetta! Vive Barni! Vive Goblet! Vive la République !...)

Sur la proposition de M. Delattre, M. le président a donné lecture de l'adresse suivante :

« L'assemblée,

« Convaincue que la permanence des « rapports du mandataire avec ses « mandants est le meilleur moyen de « créer l'éducation politique et mo- « rale de la nation, de sauvegarder les « intérêts de tous les citoyens et d'as- « surer l'affermissement de la Répu- « blique,

« Remercie MM. Barni et Goblet « d'être restés en communication avec « leurs électeurs, et déclare adhérer « pleinement au programme politique « exposé dans la séance de ce jour. »

Cette résolution a été votée à l'unanimité, et la séance a été levée aux cris de : Vive la République !

Amiens. — Typ. Alfred CARON fils, rue de Beauvais, 42.

4ᵉ Année.

LE PROGRÈS DE LA SOMME

JOURNAL POLITIQUE QUOTIDIEN

Paraissant tous les Jours y compris le Lundi.

—

Format des plus grands Journaux de Paris.

ABONNEMENTS :

Trois mois, 10 fr. — Six mois, 20 fr. — Un an, 40 fr.

Les abonnements partent du 1ᵉʳ ou du 16 de chaque mois.

Fondé sous le patronage et avec le concours de MM. BARNI et GOBLET, députés, et d'un groupe de Conseillers généraux, *le Progrès de la Somme* compte en outre parmi ses collaborateurs, et indépendamment de ses rédacteurs spéciaux, MM. Ernest HAMEL, Eugène DELATTRE, Amédée LAMARLE et divers autres Écrivains distingués.

Grâce à son format, à sa périodicité, à la rapidité de ses informations politiques et commerciales, *le Progrès de la Somme* est le plus complet, le meilleur marché et le mieux renseigné des Journaux d'Amiens.

BUREAUX, RUE DE METZ, 22, A AMIENS

Correspondants dans tous les cantons du Département.

www.ingramcontent.com/pod-product-compliance
Lightning Source LLC
Chambersburg PA
CBHW060804280326
41934CB00010B/2546